A CURA
DA RELAÇÃO
COM O PAI

Pe. Robert DeGrandis, SSJ

A CURA DA RELAÇÃO COM O PAI

Edições Loyola

Título original:
Healing the Father Relationship
© 1996 by Robert DeGrandis, SSJ
Publicado por Ressurection Press

Diagramação: Telma dos Santos Custódio

Edições Loyola Jesuítas
Rua 1822, 341 – Ipiranga
04216-000 São Paulo, SP
T 55 11 3385 8500/8501 • 2063 4275
editorial@loyola.com.br
vendas@loyola.com.br
www.loyola.com.br

Todos os direitos reservados. Nenhuma parte desta obra pode ser reproduzida ou transmitida por qualquer forma e/ou quaisquer meios (eletrônico ou mecânico, incluindo fotocópia e gravação) ou arquivada em qualquer sistema ou banco de dados sem permissão escrita da Editora.

ISBN 978-85-15-01779-9

3ª edição: 2003

© EDIÇÕES LOYOLA, São Paulo, Brasil, 1998

Quando orardes, não multipliqueis palavras como fazem os pagãos; eles imaginam que pelo muito falar se farão atender. Não vos assemelheis, pois, a eles, porque vosso Pai sabe do que precisais, antes que lho peçais. Vós portanto, orai assim:

*Pai nosso, que estás nos céus,
dá a conhecer a todos que tu és,
faze com que venha o teu Reinado,
faze com que se realize a tua vontade,
na terra, à imagem do céu.
Dá-nos hoje o pão de que precisamos;
perdoa-nos as nossas faltas contra ti,
como nós temos perdoado aos
que tinham faltas contra nós,
e não nos introduzas na tentação,
mas livra-nos do Tentador.*

Com efeito, se perdoardes aos homens suas faltas, vosso Pai celeste também vos perdoará; mas se não perdoardes, também vosso Pai não vos perdoará vossas faltas (Mt 6,7-15).

Os estudiosos das Escrituras contam-nos que Jesus veio para trazer-nos dois ensinamentos: primeiro, que o Reino de Deus está em nós, em nosso coração, em nosso espírito, e não no templo de Jerusalém, no Vaticano ou em Roma. O Reino de Deus está em nós. "Ou não sabeis que vosso corpo é o templo do Espírito Santo?..." (1Cor 6,19). Segundo, os estudiosos das Escrituras dizem-nos que Jesus veio trazer-nos a grande verdade de que Deus não está no céu distante, longe de nós, mas que Ele está em nós como amor, está aqui como Pai amoroso.

A palavra *Abba* foi usada 175 vezes no Novo Testamento. Esse foi o novo ensinamento de Jesus, de que temos um Pai amoroso. De fato, um dia Jesus apontou para o povo e disse: "Se vós, que sois maus, sabeis dar coisas boas a vossos filhos, quanto mais vosso Pai que está nos céus dará coisas boas aos que lhe pedem" (Mt 7,11). Temos aqui palavras que chocam. Você sabe o quanto ama seus filhos; você faria qualquer coisa por eles, daria a própria vida. De fato, pais amorosos doam suas vidas a seus filhos, dia após dia. Quanto mais nosso Pai celestial dará boas coisas àqueles que lhe pedem.

"A relação com o Pai" é tão importante que o escritor e conferencista John Bradshaw faz seminários na televisão sobre a criança interior e a necessidade do amor ao pai. Em seu livro *Homecoming* ("A volta ao lar"), utilizou cerca de 250 páginas para descrever a criancinha que vive dentro de cada um de nós e ajudá-la a expressar a si mesma. A idéia é levar essa criança a articular suas mágoas e sofrimentos com os pais, especialmente com o pai.

Estudos fascinantes afirmam que num divórcio em que o pai ganha a custódia dos filhos, as notas escolares das crianças freqüentemente sobem. Você acha que deveria ser exatamente o contrário... Psicólogos dizem que, porque as crianças têm uma grande fome de atenção, colaboração, e estímulo do pai, ao viver esse tipo de situação elas imediatamente fazem progressos. Atualmente estamos enfrentando uma crise na relação com o pai. Um dos principais problemas é que ele fica longe de casa por muito tempo. A mãe mostra seu amor pelos filhos com mais freqüência, por estar mais presente, geralmente acariciando, tocando, beijando, mantendo um contato físico. O pai está freqüentemente ausente. Sociólogos constataram que os pais, em média, proporcionam por dia, com qualidade, cerca de um minuto de tempo a seus filhos.

Em 1900, noventa por cento das pessoas moravam em áreas rurais, de forma que as crianças interagiam com seus pais, freqüentemente trabalhando no campo. No ano 2000, noventa por cento da população estará em áreas urbanas. Os pais estarão trabalhando ou atendendo a compromissos fora de casa. Os pais de hoje ficam freqüentemente ausentes por um período longo de tempo, às vezes mesmo por uma ou várias semanas. E quando realmente vão para casa, estão extremamente cansados e muitas vezes sem energia para doar-se aos filhos, deixando-os então aos cuidados da mãe; ela é que ajuda as crianças em suas tarefas escolares, disciplina-os e interage com eles, ouvindo-os e amando-os.

Após vinte e seis anos de ministério de cura, estou convencido de que a área crucial da cura interior diz respeito à relação com o pai. Testei isso apresentando questionários a pessoas que vivem nos trinta e dois países em que preguei, e a maioria delas concorda com minha opinião.

Anos atrás, não havia educação sexual formal nas escolas. A educação sexual era feita em casa, primeiramente pelo modo como o pai e a mãe tratavam um ao outro. Os filhos assimilavam essas atitudes. Se eram boas, eles tinham uma boa educação sexual; caso contrário, adquiriam sentimentos negativos.

Todo homem assume a personalidade (de *persona* = máscara) de seu pai. A idéia do filho sobre masculinidade é construída na relação com seu pai natural. Em seu interior, ele sente que todo outro homem reagirá para com ele da mesma maneira que seu pai o fez.

Da mesma forma, no mais profundo de si, toda mulher pode sentir que todo homem responderá exatamente como seu pai o fez. Tais sentimentos estão sempre no fundo do subconsciente, da psique. Lembro-me de uma mulher me contar recentemente que seu pai não era acessível e jamais estava em casa. Essa mulher amava o marido, mas freqüentemente se surpreendia gritando com ele e tomando atitudes injustas contra ele. Ela não entendia por que isso acontecia, até que começou a pôr as coisas em seus devidos lugares e constatou que seus conflitos não-resolvidos com o pai estavam sendo projetados no marido.

Às vezes, você encontra uma mulher cujo pai era alcoólico e ela diz: "Nunca terei nada com um alcoólico". No entanto, ela freqüentemente casa com um alcoólico. Pessoas leigas não podem entender por que isso acontece, mas os psicólogos diriam que, no fundo, o marido é o símbolo do pai dessa mulher. Ela está tentando resolver o conflito de sua relação com o pai, jamais resolvido antes.

Lembro-me de que uma vez um médico ligou para meu escritório e disse: "Padre DeGrandis, eu tenho aqui um jovem de 23 anos que é casado e tem um filho de 6 meses. Ele pegou uma arma e tentou se matar, mas felizmente não conseguiu. Queria que o senhor falasse com ele". Então comecei a conversar com o rapaz, que me disse: "Eu sou ateu". Diante disso respondi: "Diga-me, como é seu relacionamento com seu pai?". E ele respondeu: "Horrível". Então tentei explicar-lhe: "Você está projetando em Deus Pai a raiva direcionada a seu pai natural".

Quando rezamos "Pai nosso, que estais no céu", como olhamos para nosso Pai no Céu? Muito provavelmente, da mesma forma que para nosso pai natural. Por esse motivo é extremamente importante adentrar essa área de nossas emoções com uma cura profunda. Todo homem, em certo sentido, assume o rosto de seu pai.

É comum, no seminário, encontrar seminaristas que têm constantes problemas com a autoridade. Eles estão sempre em conflito com a autoridade. Isso ocorre em toda instituição, mas eu pessoalmente posso falar sobre o seminário. Ao examinar o passado desses homens, você descobrirá que eles tiveram maus relacionamentos com seus pais e estão projetando sua raiva na figura de autoridade no seminário.

1 Tessalonicenses 2,12 diz: "Nós vos exortamos, encorajamos e suplicamos para que cada um leve uma vida digna do Deus que vos chama a seu reino e a sua glória". O papel do pai é, entre outras coisas, afirmar a pessoa em sua pessoalidade, fazê-la saber quanto é digna de amor e respeito. Os psicólogos dizem-nos que por volta dos 10, 11 ou 12 anos de idade a criança desliga-se da mãe e começa a tornar-se autônoma. Ao dar seus primeiros passos em busca da independência, ela se torna insegura e necessita especialmente da afirmação do pai, porque o pai é fonte de sabedoria e entendimento na família. Aos olhos da criança, ele é visto como sábio, poderoso. É assim que o vê. Se uma criança não recebe amor e afirmação nessa fase, pode tornar-se insegura para o resto da vida. E terá dificuldade em relacionar-se com os homens em geral e com Jesus e o Pai Celestial em particular.

Por exemplo: determinada criança leva para casa um boletim escolar com a nota 8, e o pai diz: "Poderia ser um 9. Deveria ser um 9,5". Nesse momento, sua intenção é boa, mas o que está sendo comunicado à criança é: "Você é um fracasso". O que a criança percebe é a crítica, e isso a leva a sentir-se insegura.

Mas você sabe: basta olhar para a verdade e ver que Jesus está constantemente dizendo: "Meu

Pai ama você e Eu amo você. Você é bom. Você é bonito". Muitos de nós não crêem nisso. Lá no fundo do nosso coração, não acreditamos. Eu encontro muitas pessoas que dizem: "Eu *sei* que Deus me ama. *Sei* que meu Pai Celestial me ama. Sei que Jesus me ama... Mas *não sinto* isso". Então passo a explorar com elas seu relacionamento com seus próprios pais terrenos e descobrimos juntos que elas não sentiram amor da parte deles.

A carta aos Efésios 6,4 diz: "Vós, pais, não revolteis os vossos filhos, mas criai-os ministrando-lhes uma educação e conselhos inspirados pelo Senhor". E a melhor educação que os pais podem dar a seus filhos é rezar com eles.

Minha pesquisa indica que pouco menos de 5% dos católicos rezaram em família, com toque, comunicação, partilha. A falta da oração em família é uma realidade principalmente nos tempos atuais, por causa das mães que trabalham fora. Todo lar necessita da oração em família. O papel do pai é comunicar, tanto verbal como não-verbalmente, inclusive por meio do toque.

Lembro-me de uma mulher contando-me, recentemente, que ela ansiava pelo amor, atenção e afeição de seu pai, mas ele não lhe dera nada. Quando ela chegou aos 10, 11, 12 anos, quando entrou na puberdade, ele se desligou totalmente dela. É muito comum o pai sentir-se atraído pela filha e, por medo, desligá-la de sua interação masculina, deixando a criação da menina e demais crianças aos cuidados da mãe.

Lembro-me do tempo em que trabalhei na Itália, que tem a reputação de ser um lugar onde as pessoas recebem amor e afeição. A Itália é realmente um país muito afetuoso. Certa ocasião, pessoas vieram até mim depois de uma palestra e disseram-me: "Padre DeGrandis, o senhor está certo. Meu pai teve uma atitude muito machista. Os filhos foram criados pela mãe, e eu fui privado do amor e afeição de meu pai".

Em outra ocasião, conversando com um pároco que encontrei, eu disse: "Sabia que você parece muito seguro?" "Por que você diz isso?", ele perguntou, e eu repliquei: "Enquanto eu lhe falo, posso sentir isso". "É extraordinário o que você está dizendo, porque estive em Chicago na semana passada, conversando com um psicólogo, e depois de observar minha escrita ele disse: 'Padre, posso dizer-lhe, vendo sua escrita, que o senhor é uma pessoa muito segura'. Isso não é engraçado? Duas vezes, no período de duas semanas, alguém me falou que eu parecia muito seguro!" Perguntei ao pároco: "Deixe-me perguntar-lhe uma coisa: seu pai e sua mãe abraçavam e beijavam você? Ele exclamou: "Oh, sim!

Até agora, é tudo o que eles fazem: abraçar-me e beijar-me!" "Essa é a razão de você ser seguro! Essa era a maneira de eles comunicarem que você é uma pessoa merecedora de amor".

Lembro-me de uma vez em que eu estava em uma sala com uma família italiana. O pai tinha 70 e o filho cerca de 50 anos. Quando o filho entrou na sala, foi ao encontro do pai e o beijou. Este é para mim o sinal de um relacionamento saudável. Psicólogos dizem que uma criança, mesmo recém-nascida, pode sentir a atitude do pai para com ela na maneira como é segurada. Isso é assombroso!

Quando o pai não tem uma interação profunda com sua filha, ela tende a tornar-se sexualmente ativa muito cedo. Por outro lado, quando o pai realmente interage com bastante carinho, toques e beijos, as garotas vêem a afeição como parte da vida em família, como uma coisa boa e normal. Elas se acostumam a essa atitude e a respeitam.

No evangelho de São Lucas 15,21, o filho pródigo diz: "Pai... não sou digno de ser chamado teu filho".

Eu gostaria de ver isso invertido, com alguns pais dizendo: "Filho e filha, não sou digno de ser seu pai". Um estudo feito, alguns anos atrás, entre prostitutas e adolescentes que haviam fugido de casa revelou que as raízes profundas desse comportamento eram a falta de amor paterno, promessas quebradas e maus exemplos do pai.

Gostaria que você andasse por sua casa mentalmente e olhasse para cada aposento dela. Qual foi a coisa mais dolorosa que lhe aconteceu em cada aposento com seu pai? Essas são as áreas pelas quais você precisa orar.

Por exemplo, eu costumava sentar do lado esquerdo de meu pai, na sala de jantar. E isso para que, se eu dissesse alguma coisa fora de hora (e isso nem acontecia muito freqüentemente), ele pudesse bater-me com a mão esquerda. Eu sempre tinha medo de meu pai. Outro dia, o Senhor Jesus disse-me: "Você está assustado comigo. Você está com medo de mim, como se eu fosse seu pai".

Vamos ao próximo aposento, o quarto de dormir. Certa vez, quando eu tinha 7 ou 8 anos, meu pai pegou-me numa mentira. Eu estava deitado em minha cama, lendo um gibi. Ele entrou, olhou para mim e disse: "Detesto mentirosos". E me bateu. Foi como uma espada de dois gumes. Não nos esqueçamos de um dos princípios da cura interior: "Quanto mais criança, mais traumática será a situação". As palavras de meu pai me atravessaram como uma faca.

A seguir, vamos ao banheiro. Era ali que eu recebia castigos. Lembro-me quando, aos quatro e anos e meio, meu pai levou-me para lá e bateu-me com uma correia. Naquele momento eu decidi que iria eliminar as emoções de minha vida. "Não vou chorar", eu disse. Ali no banheiro, o lugar onde eu era mais punido, aconteceu a morte de minhas emoções. Ali fiz meu pior voto interior.

Vamos agora à sala de estar. Quando eu quis ser padre, fui até meu pai, que estava lendo jornal. Ainda posso ver a cena claramente... Disse-lhe que gostaria de candidatar-me a determinado seminário, e ele ficou muito, muito aborrecido. Como eu era seu único filho, tive de ouvir o seguinte: "Trabalhei toda minha vida para construir meu negócio. Ele será seu, e agora você me abandona". Tive muita dificuldade em fazer meu pai concordar com minha ida para o seminário. Somente minha mãe e irmãs é que conseguiram tempos depois persuadi-lo. Foi uma situação bastante dolorosa.

Quando meu pai faleceu três semanas após eu ter sido ordenado, tive então, ao mesmo tempo, minha primeira unção, primeira absolvição, primeira bênção apostólica e primeiro funeral. Meu pai tivera seu próprio padre, seu filho, em sua casa, ao morrer, para fazer essas coisas para ele.

Ao percorrer sua casa, olhe para as coisas traumáticas que lhe aconteceram lá. Mesmo que você tenha morado em mais de um lugar, pode recordar-se de algum tempo traumático ou infeliz. Ore, pensando nesses acontecimentos, e tente curar-se.

1 Coríntios 11,1 diz: "Sede meus imitadores, como eu o sou de Cristo". Podem nossos pais dizer isso? Imitem-me como eu imito Cristo? Podemos nós fazê-lo? "Peço-lhe que sempre se lembre de mim e siga os ensinamentos que lhes dei". A forma como aprendemos com um homem age, como um homem é chega a nós pela assimilação de atitudes, ações e modo de vida de nosso pai. Lembro-me de uma vez em que eu estava no meio da homilia durante a missa e uma mulher ficou tão furiosa comigo que se levantou e saiu da igreja. Todos sabiam que ela estava protestando contra o que eu estava dizendo. Após a missa, ela veio até mim e falou: "O senhor sabe que sou divorciada e não há um homem em minha família". Eu disse: "Sim, e sinto muito que seja dessa forma. Mas não é por isso que vou deixar de pregar aquilo que considero verdade e aquilo que o Senhor está me dizendo..."

Para aqueles que não têm um homem em casa, é preciso encontrar um modelo de papel masculino significativo na vida de seus filhos, porque eles aprendem a masculinidade pela forma com que nos relacionamos com eles. Talvez um tio, avô, um homem mais velho ou um homem de Deus da comunidade eclesial pudesse representar o modelo masculino para seus filhos. Eles aprendem com aquilo que vivenciam — bom ou mau. As garotas contam com os elogios do pai para desenvolver seu senso de feminilidade, de beleza, de autonomia. E quando deixam seus lares elas esperam que seus maridos ajam da mesma forma que seu pai agia com eles.

John e Paula Sanford, maravilhosos escritores cristãos, falam de seu próprio casamento. Ela teve um pai que estava sempre ausente de casa. Toda vez que John fazia horas extras, ela ficava furiosa. Ela o amava, mas não conseguia deixar de se irritar com a situação, até que começou a perceber que temia que ele fosse como seu pai, que era caixeiro viajante, e estava sempre ausente. Essa raiva com relação ao pai dela voltava-se contra seu marido. Nós vivenciamos a masculinidade a partir da forma como nossos próprios pais agiram.

Uma das dificuldades na educação católica é que as crianças aprendem uma coisa na escola na escola e, em casa, vêem seus pais agindo de maneira contrária, o que cria uma tremenda confusão. Por isso a Igreja sempre defendeu a idéia de que os primeiros professores dos filhos são os pais, já que é deles que eles assimilam seu modo de viver.

Em Mateus 15,4 se diz: "E Deus disse: 'Honra teu pai e tua mãe' e 'Aquele que amaldiçoar pai e mãe seja punido de morte'".

Por volta dos 10 anos, o ego da criança se fortalece, e ela pode então realmente começar a sentir raiva de seus pais. Mais tarde, essa raiva pode expressar-se violentamente, e os filhos podem sair de casa. Esse é o motivo por que muitos adolescentes freqüentemente se tornam violentos. Eles estão livres de seus pais, livres de todas as limitações, e aquela raiva contra os pais passa a expressar-se em revolta contra a autoridade. A Carta aos Hebreus 12,15 diz: "Cuidai para que ninguém venha a subtrair-se à graça de Deus; nenhuma raiz amarga venha a brotar, a causar perturbação e a infeccionar a comunidade".

Todos passamos por algum estágio ou grau de rebelião. E, nessa situação, muitas vezes fazemos votos interiores negativos. Os votos podem ser positivos: "Serei cordial com todas as pessoas que encontrar". Meu voto interior, aos 8 anos de idade, fora: "Eu vou ser padre. Sempre servirei ao Senhor Deus". Este tipo de voto é bom, mas há os votos negativos que fiz: "Jamais chorarei". "Jamais amarei novamente." "Jamais voltarei a mostrar minhas emoções." "Jamais serei vulnerável novamente." "Jamais me comunicarei de novo." "Jamais confiarei outra vez". Estes votos são negativos e, por conseqüência, influenciaram-me negativamente. A boa nova é que você pode fazer sua própria oração e quebrar seus votos interiores negativos.

Ao rebelar-se contra seus próprios pais, as pessoas fazem votos interiores, ou voltam-se para aquilo que é chamado "orientação de performance". "Meus pais não me respeitam. Vou fazê-los respeitar-me! Vou ser uma pessoa bem-sucedida." Esse pensamento pode levar uma pessoa a tornar-se fanática pelo trabalho, a ponto de morrer de trabalhar, e isso para provar aos outros que são dignas de amor e respeito. Elas tendem a tornar-se calculistas e controladoras.

Outro comportamento que ocorre em famílias dependentes ou co-dependentes é a inversão parental! Isso aconteceu a uma amiga minha, cuja mãe era mentalmente perturbada e cujo pai trabalhava numa ferrovia. Quando bastante nova (10 anos), minha amiga teve de tornar-se a mãe da família. Ela nunca teve uma festa de aniversário até os 65 anos. Quando se tornam os "pais", os filhos podem perder a confiança nas pessoas, perder o respeito pela autoridade, rebelar-se ou endurecer seus corações. Eles não têm como descansar, pois estão sempre protegendo e alimentando os demais — quando, na verdade, procuram e precisam alimentar a si mesmos. Eles estão sempre assumindo o controle da situação, e jamais podem descansar, sempre preocupados com o que virá a acontecer. Têm de assumir o lugar de seus pais quando são ainda novos demais. Eles não receberam o amor da mãe e do pai.

Em suma, ao olhar para a realidade "pai", vemos que todo homem veste a máscara de seu pai. Vemos que o pai foi chamado a afirmar, a comunicar e a tocar. Fomos mentalmente às partes de nossa casa, onde havia um trauma. Experimentamos a masculinidade por meio da vida de nosso pai.

CURA INTERIOR

Agora, enquanto lemos estas poucas páginas, vamos fazer a cura interior. Veja-se a si mesmo quando tinha 12 anos, em seu próprio quarto. Você está sentado na cama. Olhe à sua volta, veja seus brinquedos, seu carrinho, se você é um menino; bonecas, se é uma garota; as paredes como você as recorda, com papel de parede ou pintadas; o tapete no chão; as luzes; os quadros nas paredes. A porta se abre, e Jesus entra. Ele vem até você e o eleva; abraça-o como a uma pequena criança; então o acaricia e diz: "Eu quero curá-lo profundamente neste dia. Quero curá-lo de forma que você possa ser mais aberto para mim e para meu Pai celestial".

Jesus diz: "Agora, eu quero trazer seu pai aqui". Dê a Jesus essa permissão, se você puder. Se você teve um padrasto, permita que Jesus traga ambos. Se foi criado por seu avô, deixe que ele traga seu pai e seu avô. Jesus vai até a porta e chama para dentro seu pai, trazendo-o até você. Jesus põe a mão em seu ombro, outra mão no ombro de seu pai, e diz: "Seu pai o ama. Talvez ele não tenha podido expressar isso, e talvez o tenha tratado como o pai dele o tratou, mas ele amou você. Sendo humano, porém, ele o magoou".

Agora, pense nas três coisas que mais o magoaram em seu relacionamento com seu pai. O Senhor Deus diz a você: "Diga a seu pai, de todo coração, por um ato de vontade, que você o perdoa por tudo o que ele fez".

Em seu coração, sem considerar como você se sente, faça um ato de vontade e diga a ele que você o perdoa por magoá-lo.

A seguir, o Senhor Deus diz: "Peça que seu pai viva a mesma felicidade que você está procurando, a mesma alegria, os mesmos dons. Peça a seu Pai nos céus que conceda esses dons a seu pai terreno assim como a você". Por fim, peça ao Senhor que o deixe vivenciar em seu coração o toque de amor que Ele tem por seu pai terreno, de forma que você possa experimentar de muitas maneiras a grandiosidade do amor de Jesus por seu pai.

Em seguida, Jesus diz a você: "Pense em três coisas que fez que mais machucaram seu pai". Por alguns segundos, repasse sua vida. Então peça o perdão de seu pai. Veja-o sorrindo para você, perdoando aquelas três coisas que você fez.

Jesus diz: "Estamos andando por sua casa. Você está ainda no quarto. Pense naquilo que aconteceu neste quarto, que foi muito doloroso para você e para o relacionamento com seu pai. Você pode ter esperado seu pai retornar para casa uma noite, mas quando ele chegou tinha bebido. Você ficou em sua cama, triste e chorando baixinho. Qualquer que seja ele, pense em algum trauma provocado em seu quarto de dormir".

A seguir, Jesus caminha com você até a cozinha e diz: "Agora, estou curando aquela mágoa profunda que aconteceu na cozinha". Reflita sobre o mais doloroso evento em seu relacionamento com seu pai, que tenha acontecido na cozinha. Jesus impõe a mão sobre sua cabeça e diz: "Estou curando a dor desse acontecimento".

Em seguida leva você até o banheiro. Agora, reflita sobre aquilo que aconteceu de ruim aqui. Jesus está dizendo: "Estou curando esse trauma".

Vá com Jesus à sala de estar e reflita sobre o que foi mais doloroso no relacionamento com seu pai nesse local. Jesus põe a mão em sua cabeça e diz: "Estou curando a dor e sofrimento desse acontecimento".

Então, Jesus senta-se com você e entrega-lhe uma caneta e papel, dizendo: "Rapidamente, escreva a seu pai uma carta imaginária, contando-lhe como você realmente se sentia". A maioria de nós não podia expressar ao pai suas reais emoções, por uma ou outra razão. "Eu ficava zangado, quando você não estava em casa"; "Você estava sempre trabalhando"; "Eu morria de medo quando você estava bêbado"; "Magoava-me ver você gritando com minha mãe", "… quando batia em meus irmãos", … em mim". Apenas imagine-se escrevendo uma carta, partilhando sentimentos que você jamais partilhara com seu pai antes.

Jesus está em pé, ou sentado a seu lado, com a mão em seu ombro, dando-lhe força para expressar suas emoções. Acabe de escrever a carta imaginária. Escreva a carta não para ser enviada, mas para externar suas emoções, para galgar um degrau em seu relacionamento com o homem em sua vida, de forma que você fique mais amoroso, confiante, receptivo e capaz de perdoar.

Agora, Jesus diz: "Uma parte importante da interação entre seu pai e você ocorreu ainda no ventre de sua mãe. Levarei você pelos nove meses no ventre", diz Jesus, "e suprirei o amor masculino de que você necessitava e que talvez não tenha recebido, por uma ou outra razão, de forma que você possa tornar-se uma pessoa mais segura, mais amorosa, mais aberta, mais apta a relacionar-se comigo e com meu Pai celestial".

Jesus diz: "Agora, vou conduzi-lo ao momento da concepção. Apenas imagine o ventre de sua mãe, iluminado com o poder do Espírito Santo, pleno da luz do Espírito Santo". Jesus diz: "No momento da concepção, se havia alguma coisa negativa em seu pai, como raiva, amargura, ódio para com sua mãe, culpa, medo, eu estou purificando e afastando tudo isso neste momento. Aquele embrião está sendo purificado pelo meu Espírito, irradiado com a luz de meu Espírito. Levo você pelo primeiro mês no ventre. Se sua mãe estava zangada, talvez por não ser casada, ou tinha mágoa de seu pai, ela comunicou isso a você de uma forma espiritual, que você não pode entender. Estou eliminando e purificando isso. Estou curando você neste exato momento". Convide o Senhor a purificar seu espírito de toda contaminação que você tenha recebido no ventre.

No segundo mês, sua mãe descobriu que estava grávida. Talvez seu pai tenha ficado zangado, por não querer outro filho, e essa raiva veio a você na forma de rejeição. Jesus diz: "Eu estou limpando. Estou purificando". Convide o Senhor a purificar essa área de sua vida.

No terceiro mês, talvez sua mãe tenha se sentido só, porque seu pai estava ausente ou talvez passasse mais tempo com a mãe dele que com a esposa. Se, por alguma razão, havia solidão e você vivenciou isto por meio de sua mãe, Jesus está dizendo: "Eu estou limpando, curando, purificando. Eu o estou libertando".

No quarto mês no ventre, talvez seu pai e sua mãe tenham discutido. Psicólogos e pediatras dizem que isso é sentido pela criança. Ela ouve a voz do pai, mesmo no ventre, e isso talvez tenha sido comunicado a você como medo. "Senhor Jesus, limpe, purifique, cure, toque, bloqueie essas coisas em nosso espírito."

No quinto mês, talvez tenha acontecido um mal-entendido entre sua mãe e seu pai. Eles não estavam se comunicando, e você sentia isso. "Mesmo ainda não sendo de Deus naquele tempo, toque e cure-me agora, em nome de Jesus."

No sexto mês, talvez seu pai tenha tido de afastar-se por um longo tempo, possivelmente a trabalho. Talvez tenha deixado sua mãe por outra mulher. "Senhor, limpe-me, purifique-me, cure-me, toque-me, neste sexto mês."

No sétimo mês no ventre, se seu pai teve muitas dificuldades, especialmente por doença, diga: "Senhor, nós pedimos para curar, tocar, purificar qualquer coisa negativa que tenhamos captado. Leve-nos através deste sétimo mês. Purifique-nos, cure-nos".

No oitavo mês, talvez seu pai tenha ficado com receio desse nascimento, por não poder assumir as despesas financeiras. Nós vivenciamos a insegurança por meio de nossa mãe. "Pedimos, Senhor, a cura, o toque, em nome do Senhor Jesus."

No nono mês, "Senhor, ao nascermos, talvez nosso pai tenha ficado desapontado, porque éramos um menino e ele queria uma menina, ou éramos uma garota e ele sonhava com um garoto. Talvez tenha se desiludido com mais uma criança para alimentar, e nós tenhamos percebido isso em nosso espírito. Pedimos, Senhor, que nos limpe, purifique, cure, toque. Ao nascermos, Senhor, nós O vemos recebendo-nos, abraçando-nos e amando-nos.

Como uma criancinha, estendemos nossa mão e tocamos a face de Jesus. Pedimos o amor que nosso pai não nos pôde dar naquele tempo. Tomamos nossa pequena mão, contornando a face de Jesus, sua barba, e sentimos o calor vindo dele, o amor, a aceitação de nós mesmos como somos. Sentimos esse amor descendo por nossos braços, tocando nosso coração, explodindo em nosso coração, dando-nos a sensação de ser amados, necessários, estimados, queridos, aceitos, de ser alguém especial. Com nossa mão, tocamos suas orelhas, seus olhos, suavemente. Vemos seus olhos fitando-nos amorosamente, aceitando-nos. Então tomamos nossa pequena mão e tocamos seus lábios, sentindo sua suavidade. E dizemos: "Obrigado, Senhor". Nesse momento o Senhor nos toca a cabeça com seus lábios e beija-nos com o amor do pai.

Por fim, exclamamos de coração: "Obrigado, Senhor, pelo presente do amor masculino e pela aceitação. Agradecemos por curar-nos, Senhor. Permaneça conosco. Continue a manifestar seu amor paterno a nós todos os dias. Amém".

Uma editora sempre **conectada com você**!

Quer saber mais sobre as novidades e os lançamentos, participar de promoções exclusivas, mandar sugestões e ficar por dentro de tudo o que acontece em Edições Loyola? É fácil! Basta fazer parte das nossas redes sociais e visitar nosso *site*:

facebook.com/edicoesloyola

twitter.com/edicoesloyola

youtube.com/edicoesloyola

issuu.com/edicoesloyola

www.loyola.com.br

Receba também nossa *newsletter* semanal!
Cadastre-se em nosso *site* ou envie um *e-mail* para:
marketing@loyola.com.br

Edições Loyola

editoração impressão acabamento

rua 1822 n° 341
04216-000 são paulo sp
T 55 11 3385 8500/8501 • 2063 4275
www.loyola.com.br